PLANETA ANIMAL

EL CABALLO SALVAJE

POR KATE RIGGS

CREATIVE EDUCATION • CREATIVE PAPERBACKS

Publicado por Creative Education
y Creative Paperbacks
P.O. Box 227, Mankato, Minnesota 56002
Creative Education y Creative Paperbacks son marcas
editoriales de The Creative Company
www.thecreativecompany.us

Diseño de The Design Lab
Producción de Chelsey Luther y Rachel Klimpel
Editado de Alissa Thielges
Dirección de arte de Rita Marshall
Traducción de TRAVOD, www.travod.com

Fotografías de Alamy (imageBROKER, Jürgen Schulzki,
Marialtina, Prisma by Dukas Presseagentur GmbH),
Corbis (Diane McAllister/Nature Picture Library, Frans
Lanting), Dreamstime (Maria Itina), Getty (Arctic-Images,
Julia Christe, Mark Newman, Southern Lightscapes-
Australia), iStockphoto (cassp), National Geographic
(Melissa Farlow), Pixbay (Goran Horvat), Shutterstock
(Galushko Sergey), SuperStock (Biosphoto)

Library of Congress Cataloging-in-Publication Data
Names: Riggs, Kate, author.
Title: El caballo salvaje / by Kate Riggs.
Other titles: Wild horses. Spanish
Description: Mankato, Minnesota: Creative Education and
Creative Paperbacks, [2023] | Series: Planeta animal
| Includes index. | Audience: Ages 6–9 | Audience:
Grades 2–3
Identifiers: LCCN 2021061145 (print) | LCCN
2021061146 (ebook) | ISBN 9781640266865 (library
binding) | ISBN 9781682772423 (paperback) | ISBN
9781640008274 (ebook)
Subjects: LCSH: Wild horses—Juvenile literature.
Classification: LCC SF360 .R54418 2023 | DDC
599.665/5–dc23/eng/20211223
LC record available at https://lccn.loc.gov/2021061145
LC ebook record available at https://lccn.loc.
gov/2021061146

Tabla de contenido

Actualmente, hay en el mundo tres tipos de caballos salvajes. El mustang y el brumby se consideran caballos salvajes. Pero provienen de caballos que la gente entrenó hace mucho. El caballo de Przewalski (foto de arriba) siempre ha sido salvaje.

Los mustangs se encuentran principalmente en el oeste de Estados Unidos.

Los caballos tienen cuellos largos y cabezas grandes. Los caballos salvajes tienen cascos gruesos en cada pata. Los cascos crecen todo el tiempo, como las uñas humanas. Pero se desgastan en las rocas.

Los caballos se rascan y frotan entre sí para demostrarse afecto.

Cuando se asustan
o se enojan, se paran
en dos patas.

El mustang macho es el caballo salvaje más grande. Puede medir 5 pies (1,5 m) de alto y pesar 1.000 libras (454 kg). El caballo de Przewalski es un poco más pequeño y **rechoncho**. Mide unos 4,6 pies (1,4 m) de alto.

rechoncho grueso y de poca altura

El cuerpo del caballo está cubierto de pelo. Las crines bajan por el cuello del caballo. Los mustangs tienen un flequillo de pelo llamado mechón. El mechón crece entre las orejas.

Los caballos salvajes tienen crines más cortas que los caballos domesticados.

Los caballos se alimentan, o pastan, todo el día.

LOS dientes de los caballos son buenos para cortar pasto. Los caballos salvajes comen mucho pasto. También comen partes de plantas como **ramillas** y bayas. Los caballos salvajes beben agua fresca todos los días. Beben en los ríos, arroyos y lagos.

ramillas ramas o tallos pequeños que le crecen a un árbol o arbusto

Un potrillo puede ponerse de pie a la hora o dos horas de nacido.

A la hembra del caballo se le llama yegua. Comúnmente, tiene un potrillo a la vez. Los potrillos nacen con los ojos abiertos. Durante los primeros meses, beben la leche de su madre. A las dos semanas de edad, también empiezan a comer pasto.

potrillo caballo bebé

A un grupo de caballos más grande que una tropilla se le llama manada.

Los caballos jóvenes se quedan con sus madres y con otros caballos en una **tropilla**. Un caballo macho, llamado garañón, dirige la tropilla. En la naturaleza, los caballos pueden vivir 30 años o más. Los caballos de Przewalski se cuidan de **depredadores** como los lobos.

depredadores animales que matan y se comen a otros animales

tropilla familia de caballos

Los potrillos son muy juguetones cuando tienen dos o tres meses de edad.

Los caballos salvajes viajan por su **área de campeo**. Comen pasto y beben agua. Los potrillos se persiguen entre sí y juegan. Todos los caballos huyen de los depredadores.

área de campeo área donde viven los animales con suficiente alimento para ellos

En el oeste de Norteamérica, se puede ver a los mustangs. Algunas personas van a Australia para visitar a los brumbies. Los caballos de Przewalski viven en partes protegidas de Mongolia. ¡Es emocionante ver a los caballos salvajes correr libres!

EL CABALLO SALVAJE

20

Un cuento del caballo salvaje

La tribu pies negros cuenta un cuento sobre la primera persona que montó un caballo. Había una vez un niño que quería ayudar a la gente a cazar. Buscó por todas partes a animales que fueran más veloces que los perros. Finalmente, encontró a los caballos salvajes. Atrapó al líder y saltó sobre su espalda. Así fue como los pies negros se convirtieron en los mejores jinetes del oeste.

Índice